Vorwort

Gerichte mit italienischem Pfiff sind ein wichtiges Thema in diesem Buch.
Sie finden aber auch Gerichte mit einem Hauch asiatischer Exotik, wie Glasnudel-Salat Shanghai bis hin zu deutscher Nudel-Herrlichkeit auf schwäbische Art.
Eine komplettere Rezeptsammlung für Nudelgerichte kann es kaum geben.

DR. OETKER
KÜCHENBIBLIOTHEK

NUDELN

MOEWIG

Die Rezepte sind – wenn nicht anders angegeben –
für 4 Personen berechnet.
Umschlagfoto: Ravioli (Rezept S. 74)

Verlagsunion Erich Pabel – Arthur Moewig KG, Rastatt

Umschlagentwurf und -gestaltung:
Werbeagentur Zeuner, Ettlingen
Umschlagfoto: Ceres Verlag / Arnold Zabert, Hamburg
Fotos im Innenteil: Ceres Verlag / Arnold Zabert, Hamburg
Printed in Germany 1995
Druck und Bindung:
Graphischer Großbetrieb Pößneck GmbH
ISBN 3-8118-4225-0

Inhalt

Makkaroni und Bandnudeln

Makkaronisalat

(6 Portionen – Abb. S. 8/9)

125 g Makkaroni	in etwa 2 cm lange Stücke brechen, in
1 l kochendes Salzwasser	geben, zum Kochen bringen, ab und zu umrühren, in etwa 15 Minuten gar kochen lassen, auf ein Sieb geben, mit kaltem Wasser übergießen, gut abtropfen lassen
100 g Mettwurst	enthäuten, in Scheiben schneiden, halbieren
1/2 Salatgurke	waschen, abtrocknen, halbieren, entkernen, in Scheiben schneiden
2 Tomaten	kurze Zeit in kochendes Wasser legen (nicht kochen lassen), in kaltem Wasser abschrecken, enthäuten, halbieren, entkernen, die Stengelansätze entfernen, die Tomaten in Würfel schneiden
2 Zwiebeln	abziehen, in Scheiben schneiden
100 g Emmentaler Käse	in Streifen schneiden
1/2 Kopf Endiviensalat oder Chinakohl (etwa 200 g)	putzen, in kleine Stücke zerpflücken, waschen, gut abtropfen lassen oder trockenschleudern
	für die Salatsoße
4–5 Eßl. Salatöl	mit
2 Eßl. Essig	
2 Eßl. Weißwein	
1 Teel. scharfem Senf	verrühren, mit
Salz	
Pfeffer	
Zucker	
Cayennepfeffer	abschmecken, mit den Salatzutaten vermengen, gut durchziehen lassen, den Salat evtl. mit Salz, Pfeffer, Zucker abschmecken, mit
1–2 Eßl. gehacktem Dill	bestreuen.

Nudelsalat

125 g Makkaroni	in etwa 2 cm lange Stücke brechen, in
1 l kochendes Salzwasser	geben, zum Kochen bringen, ab und zu umrühren, in etwa 15 Minuten gar kochen lassen, auf ein Sieb geben, mit kaltem Wasser übergießen, gut abtropfen lassen
100 g Bratenfleisch (als Aufschnitt)	
100 g gekochter Schinken	beide Zutaten in Streifen schneiden
250 g Tomaten	waschen, abtrocknen, halbieren, die Stengelansätze entfernen, die Tomaten entkernen, in Würfel schneiden
1 grüne Paprikaschote	halbieren, entstielen, entkernen, die weißen Scheidewände entfernen, die Schote waschen, in sehr dünne Streifen schneiden
2 Gewürzgurken	in Würfel schneiden
2 Teel. Kapern	
	für die Salatsoße
1 Eßl. Salatöl	mit
2–3 Eßl. Essig	
3 Eßl. Sahne	verrühren, mit
Salz	
Pfeffer	
Zucker	abschmecken
1 Eßl. gehackte Petersilie	
1 Eßl. feingeschittenen Schnittlauch	unterrühren, mit den Salatzutaten vermengen, durchziehen lassen, den Salat evtl. mit Salz, Pfeffer, Zucker abschmecken, mit
Eischeiben	
Petersilie	garnieren.

Bandnudeln mit Lachs

	Für die Soße
300 g Tomaten	kurze Zeit in kochendes Wasser legen (nicht kochen lassen), in kaltem Wasser abschrecken, enthäuten, die Stengelansätze entfernen, die Tomaten halbieren, entkernen, das Tomatenfleisch pürieren
100 g geräucherten Lachs (in Scheiben)	in feine Streifen schneiden
2 Knoblauchzehen	abziehen, fein würfeln
60 g schwarze Oliven	entkernen, in kleine Stücke schneiden
3 Eßl. Olivenöl	in einer Pfanne erhitzen, die Knoblauchwürfel darin hellgelb dünsten lassen Lachsstreifen, Olivenstückchen hinzufügen, vorsichtig umrühren, 2–3 Minuten dünsten lassen
2 Becher (je 150 g) Crème fraîche	hinzufügen, unterrühren, das Tomatenpüree hinzufügen, erhitzen die Soße mit
Salz *Pfeffer*	würzen
1 Teel. gehackte Minzeblättchen *1/2 Teel. gehackte Oreganoblättchen*	unterrühren, die Soße warm stellen
400 g dünne, schmale Bandnudeln	in
3–4 l kochendes Salzwasser	geben, zum Kochen bringen, ab und zu umrühren, in 8–10 Minuten gar kochen lassen, auf ein Sieb geben, mit kaltem Wasser übergießen, abtropfen lassen die Nudeln in eine Schüssel geben, die Soße darüber verteilen, nach Belieben mit
Lachsstreifen *schwarzen Oliven*	garnieren.

Tiroler Krautnudeln

1 kg vorbereiteten Weißkohl	in feine Streifen schneiden, waschen, gut abtropfen lassen
2 große Zwiebeln	abziehen, würfeln
75 g Schweineschmalz	in einem Topf (möglichst aus Gußeisen) erhitzen, die Zwiebelwürfel darin andünsten das Kraut hinzufügen, mit
Salz	
Pfeffer	würzen, unter ständigem Rühren in etwa 25 Minuten leicht bräunen lassen
250 g Bandnudeln	in
2–3 l kochendes Salzwasser	geben, zum Kochen bringen, ab und zu umrühren, in etwa 15 Minuten gar kochen lassen die Nudeln auf ein Sieb geben, mit kaltem Wasser übergießen, abtropfen lassen
250–300 g Fleischwurst mit Knoblauch	abziehen, halbieren, in Scheiben schneiden, mit den Nudeln zu dem Kraut geben, unter Rühren erhitzen, mit Salz, Pfeffer kräftig abschmecken.

Makkaroni mit Knoblauch und Olivenöl

(4–5 Portionen)

4 Knoblauchzehen	abziehen, fein würfeln oder in dünne Scheiben schneiden
8 Eßl. Olivenöl	erhitzen, Knoblauchwürfel oder -scheiben darin goldgelb dünsten lassen, mit
Salz	würzen
2 rote Pfefferschoten (aus dem Glas)	halbieren, entstielen, entkernen, die Schoten in kleine Stücke schneiden, mit
3–4 Eßl. gehackter glatter Petersilie	hinzufügen, kurz durchdünsten lassen, warm stellen

500 g Makkaroni	in
4–5 l kochendes Salzwasser	geben, zum Kochen bringen, ab und zu umrühren, in 10–12 Minuten gar kochen lassen, auf ein Sieb geben, mit kaltem Wasser übergießen, abtropfen lassen, mit der Knoblauchsoße vermengen, sofort servieren.

Makkaroni mit pikantem Quark

(2–4 Portionen)

250 g Makkaroni	in
2–3 l kochendes Salzwasser	geben
1 Eßl. Speiseöl	hinzufügen, zum Kochen bringen, ab und zu umrühren, etwa 10 Minuten kochen lassen die Nudeln auf ein Sieb geben, mit kaltem Wasser übergießen, abtropfen lassen
1–2 Eßl. weiche Butter	geschmeidig rühren
250 g Speisequark (40%)	
125 ml (1/8 l) Sahne	hinzufügen, verrühren
40 g geriebenen Parmesan-Käse	unterrühren, mit
Salz	
Pfeffer	
Paprika edelsüß	abschmecken, vorsichtig unter die Nudeln rühren die Nudel-Masse in eine gefettete, feuerfeste Form füllen, die Form auf dem Rost in den Backofen schieben
Strom:	Etwa 225 (vorgeheizt)
Gas:	Etwa 5
Backzeit:	Etwa 5 Minuten.

Tomaten-Nudel-Auflauf

200 g grüne Nudeln	in
1 1/2 l kochendes Salzwasser	geben, zum Kochen bringen, ab und zu umrühren, etwa 8 Minuten kochen lassen, mit kaltem Wasser übergießen, abtropfen lassen
750 g Tomaten	kurze Zeit in kochendes Wasser legen (nicht kochen lassen), in kaltem Wasser abschrecken, enthäuten, die Stengelansätze entfernen, die Tomaten in Scheiben schneiden
150 g gekochten Schinken (in Scheiben)	in kleine Stücke schneiden eine Auflaufform ausfetten, Tomatenscheiben,

	Schinkenwürfel und Nudeln einschichten
3 Eier	mit
125 ml (1/8 l) Milch	verschlagen
2 Eßl. gehackte Petersilie	
2 Eßl. feingeschnittenen Schnittlauch	unterrühren, mit
Salz	
Pfeffer	würzen
	die Eier-Milch über die Nudeln gießen
100 g Käse (in Scheiben)	auf den Nudeln verteilen
	die Form auf dem Rost in den Backofen schieben
	den Auflauf gegen Ende der Backzeit evtl. mit Alufolie abdecken
Strom:	Etwa 200 (vorgeheizt)
Gas:	Etwa 3
Backzeit:	Etwa 35 Minuten.

Milchnudeln

1 l Milch, Salz	mit
1 Teel. Butter oder Margarine	zum Kochen bringen
250 g Bandnudeln	hineingeben, zum Kochen bringen, in etwa 25 Minuten gar kochen lassen, mit
50 g Zucker	
60 g vorgequollenen Rosinen	mischen.
Veränderung:	Die Nudeln statt mit Zucker und Rosinen mit Zucker und Zimt anrichten, Backobst dazureichen.

Makkaroni mit Paprika-Feigen-Soße

	Für die Soße
6 Paprikaschoten (grün und rot)	halbieren, entstielen, entkernen, die weißen Scheidewände entfernen, die Paprikaschoten waschen, gut abtropfen lassen
1 Stengel Staudensellerie	putzen, waschen, abtropfen lassen beide Zutaten in feine Würfel schneiden
4 Eßl. Olivenöl	in einer Pfanne erhitzen, das Gemüse hinzufügen, 10–15 Minuten dünsten lassen, dabei ab und zu umrühren, evtl.
einige Eßl. Wasser	hinzufügen die Gemüsesoße mit
Salz, Pfeffer	würzen
3 reife Feigen	schälen, in kleine Stücke schneiden, unter die Gemüsesoße rühren, die Soße warmstellen
400 g dünne Makkaroni	in
3–4 l kochendes Salzwasser	geben, zum Kochen bringen, ab und zu umrühren, in etwa 8 Minuten gar kochen lassen, auf ein Sieb geben, mit kaltem Wasser übergießen, gut abtropfen lassen die Makkaroni in eine Schüssel geben, die Paprika-Feigen-Soße darüber verteilen, sofort servieren.

Butter-Makkaroni

1½ l Wasser	
Salz	zum Kochen bringen
200 g Makkaroni	in fingerlange Stücke brechen, in das Wasser geben, zum Kochen bringen, ab und zu umrühren, in etwa 15 Minuten gar kochen lassen die Nudeln auf ein Sieb geben, mit kaltem Wasser übergießen, abtropfen lassen
2 Eßl. Butter	zerlassen, die Nudeln darin schwenken
geriebenen Käse	mit
Pfeffer oder Paprika	mischen, die Nudeln damit bestreuen.

Bunter Makkaroni-Salat

250 g gekochte Makkaroni (nicht zu weich gekocht)	in mundgerechte Stücke schneiden
etwa 100 g Cornichons (aus dem Glas)	
100 g roher Schinken	
100 g Salami	
100 g Emmentaler Käse	
	die vier Zutaten in Streifen schneiden
4 Tomaten	kurze Zeit in kochendes Wasser legen (nicht kochen lassen), in kaltem Wasser abschrecken, enthäuten, die Tomaten halbieren, entkernen, die Stengelansätze entfernen
2 säuerliche Äpfel	schälen, vierteln, entkernen beide Zutaten in Streifen schneiden
	für die Salatsoße
3–4 Eßl. Tomaten-Ketchup	mit
2 Eßl. Salatöl	
2 Eßl. Essig	verrühren, mit
Salz	
frisch gemahlenem Pfeffer	abschmecken

1–2 Bund gehackte Petersilie	
1–2 Bund feingeschnittenen Schnittlauch	unterrühren, mit den Salatzutaten vermengen, gut durchziehen lassen den Salat nach Belieben mit
Kresse	bestreuen.

Gemüsetopf mit Nudeln

500 g Rindfleisch-knochen	abspülen, mit
4 Pfefferkörnern	
4 Pimentkörnern	
1 Lorbeerblatt	in
2 l Salzwasser	geben, zum Kochen bringen, abschäumen
etwa 500 g Hohe Rippe	abspülen, hinzufügen, zum Kochen bringen, etwa 1 1/4 Stunden kochen lassen
etwa 500 g Hähnchenbrust	abspülen, in die Brühe geben, zum Kochen bringen, weitere 45 Minuten kochen lassen Fleisch und Knochen aus der Brühe nehmen, die Brühe durch ein Sieb gießen, das Fleisch von Knochen und Haut befreien, in Würfel oder Streifen schneiden, warm stellen
500 g Möhren	putzen, schrappen
150 g Sellerieknolle	putzen
500 g Rosenkohl	putzen, die Röschen am Strunk kreuzförmig einschneiden die 3 Zutaten waschen, abtropfen lassen, Möhren und Sellerie in kleine Würfel schneiden, mit dem Rosenkohl in die Brühe geben, zum Kochen bringen, in etwa 20 Minuten gar kochen lassen
125 g Hörnchen-nudeln	in
1 1/2 l kochendes Salzwasser	geben, zum Kochen bringen, ab und zu umrühren, in etwa 15 Minuten gar kochen lassen, auf ein Sieb geben, mit kaltem Wasser übergießen, gut abtropfen lassen Fleisch und Nudeln in die Gemüsesuppe geben, kurz erhitzen den Gemüsetopf mit
Salz	
Pfeffer	abschmecken, mit
gehackter Petersilie	bestreuen.

Hausmachernudeln

250 g Weizenmehl	auf die Tischplatte sieben, in die Mitte eine Vertiefung eindrücken
2 Eier	
1 Teel. Salz	mit
*2–3 Eßl. Wasser**	verschlagen, in die Vertiefung geben, mit einem Teil des Mehls zu einem dicken Brei verarbeiten, von der Mitte aus alle Zutaten schnell zu einem glatten Teig verkneten sollte der Teig kleben, noch etwas
Weizenmehl	hinzugeben den Teig in nicht zu großen Stücken nudeldick ausrollen, die Teigplatten zum Trocknen auf Tücher legen, wenn die Teigplatten so weit getrocknet sind, daß sie nicht mehr aufeinanderkleben, aber auch noch nicht zerbrechen, sie in gewünschte Länge und Breite schneiden die Nudeln so lange locker ausgebreitet an der Luft stehenlassen, bis sie vollkommen trocken sind.

* Bei großen Eiern die kleinere und bei kleinen Eiern die größere Wassermenge nehmen.

Fettuccine, überbacken

250 g Bandnudeln (Fettuccine)	in
1 1/2 l kochendes Salzwasser	geben, zum Kochen bringen, ab und zu umrühren, etwa 8 Minuten kochen lassen, auf ein Sieb geben, mit kaltem Wasser übergießen, abtropfen lassen
2 Zwiebeln	
1 Knoblauchzehe	beide Zutaten abziehen, würfeln
1 Eßl. Butter	zerlassen, Zwiebel- und Knoblauchwürfel darin glasig dünsten lassen
500 g Gehacktes (halb Rind-, halb Schweinefleisch)	hinzufügen, unter Rühren darin anbraten, dabei

	die Fleischklümpchen etwas zerdrücken
	das Hackfleisch mit
Salz, Pfeffer	
Paprika edelsüß	
gerebeltem Thymian	würzen
500 g Tomaten	waschen, abtrocknen, die Stengelansätze entfernen, die Tomaten in Stücke schneiden, zu dem Hackfleisch geben, etwa 5 Minuten mitschmoren lassen, mit Salz, Pfeffer, Paprika würzen
	2/3 der Nudeln in eine gefettete feuerfeste Form füllen, die Hackfleischmasse darauf geben, mit den restlichen Nudeln bedecken
100 g geriebenen Käse	darüber streuen
Butter	in Flöckchen darauf setzen
	die Form auf dem Rost in den Backofen schieben
Strom:	225–250 (vorgeheizt)
Gas:	5–6
Backzeit:	35–40 Minuten.
Beigabe:	Gemischter Salat.

Bandnudeln mit Meeresfrüchten

500 g Bandnudeln	in
3 l kochendes Salzwasser	geben, zum Kochen bringen, ab und zu umrühren, in 8–10 Minuten gar kochen lassen, auf ein Sieb geben, mit kaltem Wasser übergießen, abtropfen lassen
2–3 Eßl. Butter	zerlassen, die Bandnudeln darin schwenken, warm stellen
	für den Muschelsud
1 Zwiebel	
1 Knoblauchzehe	beide Zutaten abziehen, fein würfeln
1 Eßl. Speiseöl	erhitzen, Zwiebelwürfel darin etwa 5 Minuten dünsten lassen, Knoblauchwürfel hinzufügen, kurz erhitzen
125 ml (1/8 l) Weißwein	
1 Lorbeerblatt	hinzufügen, mit
Salz, Pfeffer	würzen
300 g (1 Packung) tiefgekühlte Herzmuscheln	in den Sud geben
	die Muscheln unter häufigem Umrühren in etwa 5 Minuten garen lassen, bis sie sich öffnen
etwa 500 g Tomaten	kurze Zeit in kochendes Wasser legen (nicht kochen lassen), in kaltem Wasser abschrecken, enthäuten, die Stengelansätze entfernen, die Tomaten halbieren, entkernen, in Würfel schneiden
etwa 250 g Miesmuscheln (aus dem Glas, naturell)	abtropfen lassen
etwa 100 g tiefgekühlte Shrimps	auftauen lassen
	Tomatenwürfel, Miesmuscheln, Shrimps mit
1 Eßl. Kapern	zu den Herzmuscheln in den Sud geben, vorsichtig unterrühren, zum Kochen bringen, etwa 2 Minuten schwach kochen lassen
	die Bandnudeln,
gehackte Petersilie	hinzufügen, alles vorsichtig vermengen, sofort servieren.

Bandnudeln mit Zitronensoße

(6 Portionen – Abb. nebenstehend)

500 g gekräuselte Bandnudeln	in
4–5 l kochendes Salzwasser	geben, zum Kochen bringen, ab und zu umrühren, in 8–10 Minuten gar kochen lassen, auf ein Sieb geben, mit kaltem Wasser übergießen, abtropfen lassen, warm stellen
	für die Soße
1 Zitrone (unbehandelt)	waschen, abtrocknen, die gelbe Schale abreiben, beiseite stellen die Zitronen von der weißen Schale und allen Häuten befreien, das Fruchtfleisch in kleine Würfel schneiden, mit
500 ml (1/2 l) Schlagsahne	und nach Belieben mit
3–4 Eßl. Aquavit	verrühren, zum Kochen bringen, etwa 5 Minuten kochen lassen
Saft von 1 Zitrone	hinzufügen, zum Kochen bringen, weitere 5 Minuten kochen lassen, die Soße mit
Salz, Pfeffer	abschmecken die garen Bandnudeln mit der Zitronensoße,
60 g geriebenem Parmesan-Käse	vermengen, in einer flachen Schüssel anrichten, mit der abgeriebenen Zitronenschale bestreuen. Bandnudeln mit Zitronensoße zu gebratener Hühnerbrust oder Schnitzel und gemischtem Salat reichen.

Makkaroni-Auflauf, Hausfrauen Art

250 g Makkaroni	in fingerlange Stücke brechen, in
2–3 l kochendes Salzwasser	geben, zum Kochen bringen, ab und zu umrühren, 10–12 Minuten kochen lassen die Nudeln auf ein Sieb geben, mit kaltem Wasser übergießen, abtropfen lassen

250 g Schweinefleisch	waschen, abtrocknen, in Würfel schneiden, durch den Fleischwolf drehen
150 g rohen Schinken	in kleine Würfel schneiden
3 Eigelb	verschlagen
3 Eiweiß	steif schlagen
	Schweinefleisch, Schinkenwürfel, Eigelb und Eiweiß vermengen, mit
Salz, Pfeffer	würzen, die Masse abwechselnd mit den Makkaroni in eine gefettete, mit

Fortsetzung Seite 30

Semmelmehl	ausgestreute Auflaufform schichten
	die oberste Schicht soll aus Makkaroni bestehen
60 g geriebenen Parmesan-Käse	darüber streuen
2 Eßl. Butter	in Flöckchen darauf verteilen
	die Form auf dem Rost in den Backofen schieben
100 ml Schlagsahne	steif schlagen, kurz vor dem Servieren über den Auflauf geben, den Auflauf mit
Oliven	garnieren
Strom:	Etwa 225 (vorgeheizt)
Gas:	Etwa 4
Backzeit:	30–35 Minuten.

Makkaroni-Auflauf mit Schinken

250 g Makkaroni	in fingerlange Stücke brechen, in
1½ l kochendes Salzwasser	geben, zum Kochen bringen, ab und zu umrühren, in etwa 15 Minuten gar kochen lassen, die Nudeln auf ein Sieb geben, mit kaltem Wasser übergießen, abtropfen lassen
200 g gekochten Schinken	in kleine Würfel schneiden
60 g Käse	reiben
	Makkaroni, Schinken und Käse abwechselnd lagenweise in eine gefettete Auflaufform füllen, die oberste Schicht soll aus Makkaroni bestehen
2 Eier	mit
250 ml (¼ l) Milch *Salz, Pfeffer* *geriebener Muskatnuß*	verschlagen, über die Makkaroni gießen
	den Auflauf mit
2 Eßl. Semmelmehl	bestreuen
Butter	in Flöckchen darauf setzen, die Auflaufform auf dem Rost in den Backofen schieben
Strom:	225–250 (vorgeheizt)
Gas:	5–6
Backzeit:	Etwa 40 Minuten.

Veränderung:	Anstelle des gekochten Schinkens halbgar gedünstete Pilze oder rohe Tomatenscheiben einschichten, statt der verschlagenen Eier eine Tomatensoße verwenden. Anstelle von Milch saure Sahne verwenden; den Auflauf statt mit Semmelmehl mit geriebenem Käse bestreuen.
Beigabe:	Grüner Salat.

Römischer Nudelsalat

(4–6 Portionen)

150 g Makkaroni	in etwa 2 cm lange Stücke brechen, in
1 1/2 l kochendes Salzwasser	geben, zum Kochen bringen, ab und zu umrühren, in etwa 15 Minuten gar kochen lassen, auf ein Sieb geben, mit kaltem Wasser übergießen, gut abtropfen lassen
1/2 gebratenes Hähnchen	von Haut und Knochen befreien, das Fleisch in Stücke schneiden
etwa 300 g Staudensellerie	putzen, waschen, evtl. halbieren
etwa 200 g Dillgurken (aus dem Glas)	abtropfen lassen, evtl. halbieren, beide Zutaten in dünne Scheiben schneiden
	für die Salatsoße
1 Becher (150 g) Crème fraîche	mit
2 Eßl. Joghurt *2 Eßl. Essig* *2 Eßl. Dillgurkenflüssigkeit* *1–2 Eßl. Weinbrand*	verrühren, mit
Salz, Pfeffer *Zucker*	abschmecken, mit den Salatzutaten vermengen, gut durchziehen lassen, den Salat evtl. mit Salz, Pfeffer, Zucker abschmecken
3 Eßl. gehackte Kräuter	unterheben.

Spaghetti und Glasnudeln

Spaghetti bolognese

(Abb. S. 32/33)

250 g Spaghetti	in
2 l kochendes Salzwasser	geben
1 Eßl. Speiseöl	hinzufügen, zum Kochen bringen, in etwa 10 Minuten „kernig" kochen lassen die Spaghetti auf ein Sieb geben, mit kaltem Wasser übergießen, abtropfen lassen, warm stellen
	für die Soße
2 Zwiebeln *1–2 Knoblauchzehen*	beide Zutaten abziehen, würfeln
2 Eßl. Olivenöl	erhitzen, Zwiebel- und Knoblauchwürfel darin andünsten
250 g Gehacktes (halb Rind-, halb Schweinefleisch)	hinzufügen, unter ständigem Rühren etwa 5 Minuten anbraten, dabei die Fleischklümpchen zerdrücken, mit
Salz *Pfeffer* *Paprika edelsüß*	würzen
etwa 500 g Tomaten (aus der Dose)	mit dem Saft hinzufügen, die Tomaten mit einem Löffel etwas zerkleinern
etwa 70 g Tomatenmark (aus der Dose) *125 ml (1/8 l) Rotwein oder Wasser*	hinzufügen, gut verrühren, zum Kochen bringen, die Soße etwa 15 Minuten kochen lassen
1 Teel. gehackte Thymianblättchen *1 Teel. gehackte Basilikumblättchen*	unterrühren die Soße zu den Spaghetti reichen das Gericht nach Belieben mit
geriebenem Parmesan-Käse	bestreuen.

Nudelsalat Torcello

(6–8 Portionen)

250 g Spaghetti	in kleine Stücke brechen, in
2 l kochendes Salzwasser	geben, zum Kochen bringen, ab und zu umrühren, in 10–12 Minuten gar kochen lassen die Nudeln auf ein Sieb geben, mit kaltem Wasser übergießen, gut abtropfen lassen
etwa 150 g Thunfisch (aus der Dose)	abtropfen lassen, zerpflücken
200 g gepökelte Rinderzunge (als Aufschnitt)	in Streifen schneiden
2 Eßl. Kapern (aus dem Glas)	
	für die Mayonnaise
1 Eigelb	mit
1 Teel. Senf	
1 Teel. Anchovis-Paste	
1 Eßl. Zitronensaft	
Salz	
Pfeffer	
1 Teel. Zucker	zu einer dicklichen Masse schlagen nach und nach
125 ml (1/8 l) Salatöl	unterschlagen
1 Eßl. gemischte, gehackte Kräuter	unterrühren, mit den Salatzutaten vermengen, gut durchziehen lassen den Salat mit Salz, Pfeffer,
Zucker	abschmecken nach Belieben
einige Salatblätter	waschen, gut abtropfen lassen oder trockenschleudern eine Salatschüssel damit auslegen, den Nudelsalat Torcello darauf anrichten, mit
glatter Petersilie	
Zitronenscheiben (unbehandelt)	garnieren.

Spaghetti mit Muscheln
(4–6 Portionen)

1 kg Mies- oder Herzmuscheln	mehrmals waschen, gründlich bürsten, Bartbüschel entfernen, Muscheln so lange abspülen, bis das Wasser klar bleibt (Muscheln, die sich beim Wässern öffnen, sind ungenießbar) 3 Eßl. von
125 ml (1/8 l) Olivenöl	in einer Pfanne erhitzen, die Muscheln hineingeben, so lange in der geschlossenen Pfanne erhitzen, bis sich die Muscheln öffnen das Muschelfleisch mit einem scharfen Messer oder einer Muschelschale herausnehmen das Muschelwasser beiseite stellen
3 Knoblauchzehen	abziehen, zerdrücken das restliche Olivenöl in einem Topf erhitzen, die zerdrückten Knoblauchzehen hineingeben, Muschelfleisch und -flüssigkeit hinzufügen, zum Kochen bringen, die Flüssigkeit etwas einkochen lassen
1 kg Tomaten	kurze Zeit in kochendes Wasser legen, in kaltem Wasser abschrecken, enthäuten, die Tomaten halbieren, die Stengelansätze entfernen, die Tomaten kleinschneiden, zu dem Muschelfleisch geben, mit
Salz Pfeffer	würzen, etwa 10 Minuten kochen lassen
1–2 Eßl. gehackte Petersilie	unterrühren
600 g Spaghetti	in
3–4 l kochendes Salzwasser	geben, zum Kochen bringen, ab und zu umrühren, in etwa 12 Minuten gar kochen lassen, auf ein Sieb geben, mit kaltem Wasser übergießen, gut abtropfen lassen, mit der Hälfte der Soße vermengen, die restliche Soße dazureichen.

Porree-Spaghetti

750 g Porree	putzen, längs halbieren, in Streifen schneiden, gründlich waschen, abtropfen lassen
250 g Spaghetti	in
2–3 l kochendes Salzwasser	geben
1 Eßl. Speiseöl	hinzufügen, zum Kochen bringen, ab und zu umrühren, in etwa 12 Minuten gar kochen lassen etwa 3 Minuten vor Beendigung der Kochzeit die Porreestreifen hinzufügen, mitkochen lassen Spaghetti und Porreestreifen auf ein Sieb geben, mit kaltem Wasser übergießen, abtropfen lassen
50 g Butter	zerlassen, leicht bräunen lassen
200 g gekochten Schinken	in Streifen schneiden, mit den Porreenudeln zu der Butter geben, gut durchschwenken, mit
Salz	
Pfeffer	würzen.
Beigabe:	Tomatensoße.

Spaghettisalat

(6–8 Portionen)

250 g Spaghetti	in fingerlange Stücke brechen, in
1 1/2 l kochendes Salzwasser	geben, zum Kochen bringen, ab und zu umrühren, in etwa 15 Minuten gar kochen lassen die Spaghetti auf ein Sieb geben, mit kaltem Wasser übergießen, abtropfen lassen
350 g grobe Salami	enthäuten, in Würfel schneiden
etwa 500 g Erbsen und Karotten (aus der Dose)	abtropfen lassen, die Flüssigkeit auffangen, die Karotten in Würfel schneiden
	für die Salatsoße
125 ml (1/8 l) Gemüsebrühe	mit
3 Eßl. Speiseöl	
5 Eßl. Essig	

1 Teel.	
Paprika edelsüß	
1/2–1 Teel. Senf	verrühren, mit
Salz	
Pfeffer	abschmecken
etwas gerebelten	
Thymian	unterrühren, mit den Salatzutaten vermengen, gut durchziehen lassen, den Salat evtl. mit Salz, Pfeffer, Paprika abschmecken.

Spaghetti Florentine

1 Packung (etwa 450 g) tiefgekühlten Rahmspinat	bei Zimmertemperatur auftauen lassen
1 Eßl. Butter	zerlassen
1 Zwiebel	abziehen, würfeln, in dem Fett glasig dünsten lassen, den Spinat hinzufügen, etwa 5 Minuten durchdünsten lassen, mit
Salz	würzen, warm stellen
250 g Spaghetti	in
2–3 l kochendes Salzwasser	geben
1 Eßl. Speiseöl	hinzufügen, zum Kochen bringen, ab und zu umrühren, in etwa 8 Minuten „kernig" kochen lassen die Spaghetti auf ein Sieb geben, mit warmem Wasser übergießen, abtropfen lassen, mit dem Spinat vermengen, warm stellen
50–75 g durchwachsenen Speck	in Würfel schneiden
1 Eßl. Speiseöl	erhitzen, die Speckwürfel darin auslassen
1–2 Zwiebeln	abziehen, in Scheiben schneiden, zu den Speckwürfeln geben, bräunen lassen, zu den Spinat-Spaghetti geben
375 g Fleischwurst	enthäuten, in etwa 1 cm dicke Scheiben schneiden
1–2 Eßl. Speiseöl	erhitzen, die Fleischwurstscheiben darin von beiden Seiten etwa 5 Minuten braten lassen, auf den Spinat-Spaghetti anrichten, mit
geriebenem Parmesan-Käse	bestreuen.
Beigabe:	Gemischter Salat.

Peking-Suppe Taifun

1 Packung tiefgekühlte Peking-Suppe, sauer-scharf	nach der Vorschrift auf der Packung zubereiten

3 Eßl. eingelegten Kürbis	kleinschneiden
2 Eßl. Joghurt	unterrühren, mit
gemahlenem Ingwer Cayennepfeffer	abschmecken
	die Suppe auf vorgewärmte Suppentassen oder -teller verteilen, je 1 Eßl. der Kürbismischung darauf geben.

Spaghetti carbonara
(2 Portionen)

125 g Spaghetti	in
1 1/2 l kochendes Salzwasser	geben
1 Eßl. Speiseöl	hinzufügen, zum Kochen bringen, ab und zu umrühren, in etwa 8 Minuten „kernig" kochen lassen die Spaghetti auf ein Sieb geben, mit kaltem Wasser übergießen, abtropfen lassen
100 g durchwachsenen Speck	in kleine Würfel schneiden
1 Eßl. Butter	erhitzen, die Speckwürfel darin anbraten
1 Becher (150 g) Crème fraîche	unterrühren, aufkochen lassen, mit
Salz, Pfeffer *geriebener Muskatnuß* *Speisewürze*	abschmecken, die Spaghetti hinzufügen, unter Rühren erhitzen
1 Teel. gehackte Petersilie oder Basilikum	unterheben, nach Belieben mit
geriebenem Parmesan-Käse	bestreuen.

Bunte Spaghettipfanne

250 g Spaghetti	nach Belieben in fingerlange Stücke brechen, in
1 1/2 l kochendes Salzwasser	geben, zum Kochen bringen, ab und zu umrühren, 8–10 Minuten kochen lassen, die Spaghetti auf ein Sieb geben, mit kaltem Wasser abspülen, abtropfen lassen
450 g tiefgekühltes Sommergemüse	bei Zimmertemperatur auftauen lassen
280 g Mais (aus der Dose)	abtropfen lassen
3 Eßl. Margarine	zerlassen
50 g durchwachsenen Speck	in Würfel schneiden, mit

1 abgezogenen, zerdrückten Knoblauchzehe	in dem Fett anbraten
500 g Hähnchenbrustfilet	waschen, abtrocknen, in Streifen schneiden
1 große Zwiebel	abziehen, würfeln, mit dem Hähnchenfleisch in dem Speckfett etwa 10 Minuten braten lassen, herausnehmen, warm stellen das aufgetaute Sommergemüse in dem Bratfett etwa 10 Minuten dünsten lassen Hähnchenfleisch und Nudeln zu dem Gemüse geben, mit
Salz, Pfeffer gemahlenem Koriander	würzen, noch etwa 10 Minuten erhitzen
2 Eßl. gehackte Petersilie	unterrühren.
Veränderung:	1 rote und 1 grüne in Streifen geschnittene Paprikaschote mitdünsten lassen.

Italienischer Nudelsalat

125 g Nudeln	
(z. B. Gabelspaghetti)	in
1 l kochendes	
Salzwasser	geben, zum Kochen bringen, ab und zu umrühren, in 10–12 Minuten gar kochen lassen
	die Nudeln auf ein Sieb geben, mit kaltem Wasser übergießen, abtropfen lassen
2 mittelgroße Äpfel	schälen, vierteln, entkernen
3 Essiggurken (aus dem Glas)	
200 g Schweinebraten (als Aufschnitt)	
	die drei Zutaten in Streifen schneiden, mit den Nudeln vermengen
	für die Salatsoße
1 Becher (150 g)	
Crème fraîche	mit
1 Eßl. Tomaten-Ketchup	
1 Eßl. Milch	
2 Eßl. Gurkenwasser	verschlagen
gehackte Kräuter	unterrühren
	die Salatzutaten mit der Soße vermengen
	den Salat gut durchziehen lassen, evtl. mit
Salz	abschmecken.

Spaghetti mit Kapernsoße

(6 Portionen)

120 g kleine Kapern	gut abspülen, abtropfen lassen
6 Sardellenfilets	abspülen, trockentupfen
3 Knoblauchzehen	abziehen, grob zerkleinern
	die drei Zutaten miteinander vermengen, pürieren
	die Masse mit
8–10 Eßl. Olivenöl	zu einer cremigen Soße verrühren
	nach und nach
5–6 Eßl. Zitronensaft	hinzufügen, mit einem Holzlöffel unterrühren

400 g Spaghetti	in
3–4 l kochendes Salzwasser	geben
1 Eßl. Speiseöl	hinzufügen, zum Kochen bringen, ab und zu umrühren, in 10–12 Minuten gar kochen lassen, auf ein Sieb geben, mit kaltem Wasser übergießen, gut abtropfen lassen die Spaghetti in eine Schüssel geben, die Kapernsoße darüber verteilen, nach Belieben mit
Kapern	garnieren.

Spaghetti mit Walnußbutter

300 g Spaghetti	in
3–4 l kochendes	
Salzwasser	geben
1 Eßl. Speiseöl	hinzufügen, zum Kochen bringen, ab und zu umrühren, in etwa 12 Minuten gar kochen lassen die Spaghetti auf ein Sieb geben, mit kaltem Wasser übergießen, abtropfen lassen
75 g Butter	zerlassen
75 g grob gehackte	
Walnußkerne	darin leicht bräunen lassen, die Spaghetti hinzufügen, gut durchschwenken, mit
Salz	würzen.
Tip:	Spaghetti mit Walnußbutter sind eine delikate Beilage zu Wildgerichten, Steaks und Roastbeef.

Spaghetti mit Tomaten-Muschel-Soße

(5–6 Portionen)

	Für die Soße
250 g Tomaten	kurze Zeit in kochendes Wasser legen (nicht kochen lassen), in kaltem Wasser abschrecken, enthäuten, die Stengelansätze entfernen, die Tomaten in Stücke schneiden
130–200 g Muscheln	
(aus der Dose)	abtropfen lassen, die Flüssigkeit auffangen
etwa 375 g Thunfisch	
(aus der Dose)	abtropfen lassen, etwas zerpflücken
4 Knoblauchzehen	abziehen, fein würfeln
2 Eßl. Olivenöl	erhitzen, die Knoblauchwürfel darin andünsten, die Tomatenstücke hinzufügen, etwa 5 Minuten mitdünsten lassen Muscheln, Thunfisch und nach Belieben etwas von der Muschelflüssigkeit unterrühren, miterhitzen die Soße mit
Salz	
Pfeffer	würzen, nach Belieben
2–3 Eßl. gehackte	
glatte Petersilie	unterrühren

400 g Spaghetti	in
3–4 l kochendes Salzwasser	geben, zum Kochen bringen, ab und zu umrühren, in etwa 10 Minuten gar kochen lassen, auf ein Sieb geben, mit kaltem Wasser übergießen, gut abtropfen lassen
	die Spaghetti in eine Schüssel geben, die Tomaten-Muschel-Soße darüber verteilen.

Chinesische Hühnersuppe

(6–8 Portionen – Abb. nebenstehend)

30 g getrocknete chinesische Pilze	in
kaltem Wasser	einweichen (am besten einige Stunden), abtropfen lassen, in Streifen schneiden
2½ l Wasser	zum Kochen bringen
6 Eßl. Instant – Klare Hühnersuppe	unterrühren
1 küchenfertige Poularde (etwa 1 kg)	waschen
1 Bund Suppengrün	putzen, waschen, kleinschneiden die beiden Zutaten in die Hühnersuppe geben, zum Kochen bringen, etwa 1 Stunde kochen lassen die Poularde aus der Suppe nehmen, das Fleisch von den Knochen lösen, in Würfel schneiden
50 g eingeweichte Glasnudeln	
etwas Sojasoße	und die Pilze in die Suppe geben, zum Kochen bringen, etwa 10 Minuten kochen lassen
etwa 340 g Bambussprossen (aus der Dose)	und das Poulardenfleisch dazugeben, kurz miterhitzen, nach Belieben mit
Sambal Oelek	
Sojasoße	
Chilisauce	abschmecken.

Glasnudelsalat Shanghai

(4–6 Portionen)

Etwa 100 g Glasnudeln	in eine Schüssel geben, mit
kochendem Wasser	übergießen, 3–4 Minuten ziehen lassen, auf ein Sieb geben, mit kaltem Wasser übergießen, gut abtropfen lassen, mit einem Messer mehrmals durchschneiden
250 g Schweinefilet	waschen, abtrocknen, in Streifen schneiden, mit
Salz, Pfeffer	
Currypulver	würzen, mit

etwas Weizenmehl	bestäuben
3 Eßl. Speiseöl	erhitzen, die Filetstreifen darin braun braten, aus dem Fett nehmen, erkalten lassen
etwa 300 g Mandarinenspalten (aus der Dose)	
etwa 170 g Sojabohnenkeimlinge (aus der Dose)	

Fortsetzung Seite 50

etwa 225 g Bambussprossen (aus der Dose)	
etwa 225 g gedünstete Erbsen	
	die vier Zutaten abtropfen lassen, den Mandarinensaft auffangen, die Bambussprossen in Streifen schneiden
1 Eßl. Ingwer	
3–4 Eßl. Mandarinensaft	
	für die Salatsoße
2 Eßl. Salatöl	mit
2 Eßl. Essig	
3 Eßl. Wasser	
2 Eßl. Sojasoße	
1–2 Eßl. Currypulver	
1 Messerspitze Sambal Oelek	verrühren, mit den Salatzutaten vermengen, gut durchziehen lassen, den Salat mit
Salz, Zucker	und evtl. mit Currypulver, Sambal Oelek abschmecken.

Chinesische Glasnudelpfanne

10 g getrocknete chinesische Pilze „mu err"	mit
kochendheißem Wasser	übergießen, 2–3 Stunden darin ziehen lassen, damit die Pilze auf das 4–5fache Volumen ausquellen können
	die Pilze putzen, waschen, in
kochendes Salzwasser	geben, zum Kochen bringen, etwa 1 Stunde kochen, abtropfen lassen, kleinschneiden
400 g Schweineschnitzel	waschen, trockentupfen, in dünne Streifen schneiden
3 Eßl. Speiseöl	erhitzen
	die Fleischstreifen in 2 Portionen jeweils etwa 3 Minuten darin braten, herausnehmen, in einen großen Topf geben, mit
Salz, Pfeffer	

4 Eßl. Sojasoße	würzen
100 g Glasnudeln	in
lauwarmem Wasser	4–6 Minuten ziehen lassen, mit einem Messer in Stücke schneiden
etwa 500 g Porree	putzen, längs halbieren, in dünne Streifen schneiden, waschen, abtropfen lassen
125 g Staudensellerie	putzen, waschen, in Streifen schneiden
etwa 170 g Sojabohnenkeimlinge (aus der Dose)	abtropfen lassen
etwa 140 g Bambussprossen (aus der Dose)	abtropfen lassen, evtl. etwas kleinschneiden
2–3 Eßl. Speiseöl	erhitzen, das Gemüse darin unter Rühren etwa 5 Minuten dünsten lassen, mit den Glasnudeln zu dem Fleisch geben
125 ml (1/8 l) Instant-Fleischbrühe	
125 ml (1/8 l) Sojasoße	hinzugießen, vorsichtig durchrühren, erhitzen, mit Salz, Pfeffer abschmecken.

Geformte und gefüllte Nudeln

Cannelloni mit Käsefüllung Napoli

(Abb. S. 52/53)

	Für die Füllung
375 g Sahnequark	mit
2 Eiern	
60 g geriebenem Parmesan-Käse	
2 Eßl. gehackter Petersilie	verrühren, mit
gerebeltem Basilikum	
Salz	
Pfeffer	
Paprika edelsüß	würzen, in einen Spritzbeutel füllen, in
175–200 g Cannelloni	spritzen, diese nebeneinander in eine gefettete, flache, feuerfeste Form legen
	für die Soße
2 Zwiebeln	
2 Knoblauchzehen	beide Zutaten abziehen, würfeln
3 Eßl. Speiseöl	erhitzen, Zwiebel- und Knoblauchwürfel darin andünsten
etwa 500 g Tomaten (aus der Dose)	in Würfel schneiden, mit dem Saft hinzufügen, mit Salz, Pfeffer,
Zucker	
gerebeltem Oregano	würzen, etwa 5 Minuten kochen lassen, über die Cannelloni verteilen, mit
100 g geraspeltem Gouda-Käse	bestreuen
	die Form auf dem Rost in den Backofen schieben
Strom:	200–225 (vorgeheizt)
Gas:	Etwa 4
Backzeit:	Etwa 35 Minuten.
Beigabe:	Tomaten-Paprika-Gurken-Salat.

Gefüllte Nudeln

	Für den Nudelteig
250 g Weizenmehl	auf die Tischplatte sieben, in die Mitte eine Vertiefung eindrücken
2 Eier	mit
1/2 Teel. Salz	
3–4 Eßl. Wasser	verschlagen, in die Vertiefung geben, mit einem Teil des Mehls zu einem dicken Brei verarbeiten, von der Mitte aus alle Zutaten schnell zu einem glatten Teig verkneten sollte er kleben, noch etwas
Weizenmehl	hinzugeben
	für die Füllung I
125 g Schinken- oder Bratenwürfel	mit
1 Eigelb	
2 Eßl. geriebenem Käse	
1–2 Eßl. Milch	zu einer geschmeidigen Masse verrühren
oder	*Füllung II*
Spinat, Pilze oder Tomaten (leicht gedünstet und gehackt)	
	den Nudelteig in kleinen Mengen messerrückendick ausrollen, 6–8 cm große Quadrate daraus schneiden, auf jedes 1 Teel. der betreffenden Füllung legen
1 Eiweiß	verschlagen, die Teigränder damit bestreichen, die Nudelecken so übereinanderschlagen, daß Dreiecke entstehen, die Ränder fest zusammendrücken die gefüllten Nudeln in
kochendes Salzwasser	geben, zum Kochen bringen, in etwa 20 Minuten gar kochen lassen.
Beigabe:	Braune Butter, Salat.

Schleifennudeln mit Mittsommernachtssoße

(5–6 Portionen)

	Für die Soße
1 große Zwiebel	abziehen
250 g Tomaten	waschen, abtrocknen, die Stengelansätze entfernen
	von
250 g kleinen Zucchini	die Enden abschneiden, die Zucchini waschen, abtrocknen
1 Paprikaschote	entstielen, entkernen, die weißen Scheidewände entfernen, die Schote waschen, abtrocknen
	die vier Zutaten in kleine Würfel schneiden
200 g Pflaumen	waschen, abtrocknen, halbieren, entsteinen
	die fünf Zutaten mit
125 m (1/8 l) Olivenöl	vermengen
	die Soße mit
Salz	
Pfeffer	würzen
1 Teel. gehackte Minzeblättchen	
1 Teel. gehackte Basilikumblättchen	unterrühren
500 g Schleifennudeln	in
5–6 l kochendes Salzwasser	geben
1 Eßl. Speiseöl	hinzufügen, zum Kochen bringen, ab und zu umrühren, die Nudeln in 8–10 Minuten gar kochen lassen, auf ein Sieb geben, mit kaltem Wasser übergießen, abtropfen lassen, gut mit der kalten Soße verrühren, sofort servieren.

Tortellini Mario

Kleine gefüllte Ringnudeln (2 Portionen)

1 l Instant-Fleischbrühe	zum Kochen bringen
125 g Tortellini	hineingeben, zum Kochen bringen, etwa 15 Minuten kochen lassen
	die Tortellini auf ein Sieb geben, mit kaltem Wasser übergießen, abtropfen lassen
125 g Champignons	putzen, waschen, in Scheiben schneiden
1 Zwiebel	abziehen, würfeln
1 Eßl. Butter	zerlassen, die Zwiebelwürfel darin glasig dünsten lassen, die Champignonscheiben,
100 ml trockenen Weißwein	hinzufügen, etwa 2 Minuten dünsten lassen
1 Becher (150 g) Crème fraîche	unterrühren, aufkochen lassen, mit
Salz, Pfeffer	abschmecken, die Tortellini hinzufügen, einige Minuten schwach kochen lassen, mit
feingehackten Kräutern	bestreut anrichten.

Nudel-Broccoli-Auflauf

250 g Nudeln	in
1 1/2 l kochendes Salzwasser	geben, zum Kochen bringen, ab und zu umrühren, etwa 8 Minuten kochen lassen, mit kaltem Wasser übergießen, abtropfen lassen
300 g (1 Packung) tiefgekühlten Broccoli	in
kochendes Salzwasser	geben, zum Kochen bringen, etwa 5 Minuten kochen, abtropfen lassen, evtl. in kleine Röschen teilen
150 g gek. Schinken	in Würfel schneiden
	eine feuerfeste Form ausfetten, Nudeln, Broccoli und Schinkenwürfel einschichten
250 ml (1/4 l) Milch	mit
1 Ei	
1/2 Teel. Speisestärke	verrühren, mit
Salz	
geriebener Muskatnuß	würzen

	die Eier-Milch über die Nudeln gießen
2–3 Eßl. geriebenen mittelalten Gouda-Käse	mit
2 Eßl. Semmelmehl	mischen, darüber streuen
Butter	in Flöckchen darauf setzen
	die Form auf dem Rost in den Backofen schieben, den Auflauf goldbraun backen
Strom:	Etwa 225 (vorgeheizt), *Gas:* Etwa 4
Backzeit:	45–50 Minuten.

Lasagne al forno

200 g Lasagne-Nudeln (etwa 12 Stück)	portionsweise in
2 ½ l kochendes Salzwasser	geben, zum Kochen bringen, etwa 2 Minuten kochen lassen, in kaltes Wasser legen
2 Knoblauchzehen *1 große Zwiebel*	beide Zutaten abziehen, fein würfeln
2 Eßl. Olivenöl	in einer Pfanne zerlassen, Knoblauch- und Zwiebelwürfel darin andünsten
500 g Rinder-Hackfleisch	hinzufügen, anbraten, dabei mit einer Gabel zerdrücken
250 g Tomatenpüree (Fertigprodukt)	hinzufügen, alles etwa 10 Minuten durchschmoren lassen, mit
Salz, Pfeffer *gerebeltem Rosmarin* *gerebeltem Oregano* *gerebeltem Thymian*	würzen
	für die Soße
2 Becher (je 150 g) Crème fraîche	mit
250 ml (¼ l) Schlagsahne *60 g geriebenem Parmesan-Käse*	verrühren, die Nudeln abtropfen lassen eine flache viereckige Auflaufform ausfetten, ⅓ der Nudeln hineinlegen, ½ der Hackfleischmasse und etwas von der Soße darauf geben, mit Nudeln bedecken, restliche Hackfleischmasse darauf geben, wieder etwas Soße darüber geben und mit den restlichen Nudeln bedecken, die Soße gleichmäßig darüber verteilen, damit die Nudeln ganz bedeckt sind
Butter	in Flöckchen darauf setzen die Form auf dem Rost in den vorgeheizten Backofen schieben
Strom:	200–225, *Gas:* 4–5
Backzeit:	Etwa 30 Minuten.

Grüne Tortelloni mit Walnüssen

(5–6 Portionen)

	Etwa 2/3 von
200 g Walnußkernen	fein hacken
2–3 Knoblauchzehen	abziehen, fein würfeln
etwa 100 ml Olivenöl	erhitzen, Knoblauchwürfel darin andünsten, gehackte und ganze Walnußkerne hinzufügen, kurz erhitzen
125 ml (1/8 l) Sahne	unterrühren, erhitzen die Soße mit
Salz	würzen
2 Eßl. gehackte Majoranblättchen	unterrühren
500 g grüne Tortelloni	in
3–4 l kochendes Salzwasser	geben, zum Kochen bringen, in 20–30 Minuten gar kochen lassen, die Tortelloni auf ein Sieb geben, mit kaltem Wasser übergießen, abtropfen lassen, in eine Schüssel geben, mit der Soße vermengen.

Cannelloni Rosanella

Nudelrollen mit Fleischfüllung

	Für die Füllung
1 Brötchen (Semmel)	in kaltem Wasser einweichen, gut ausdrücken, mit
250 g Gehacktem (halb Rind-, halb Schweinefleisch)	vermengen, die Masse mit
Salz	
Pfeffer	
gerebeltem Oregano	
gerebeltem Thymian	würzen
etwa 250 g Cannelloni	damit füllen (am besten mit Hilfe eines Spritzbeutels oder eines Rührlöffelstiels)
	die Cannelloni nebeneinander in eine gefettete, flache, feuerfeste Form legen
	für die Soße
1 Becher (150 g) Crème fraîche	mit
6 Eßl. Milch	verrühren, mit
Salz	
Pfeffer	
Speisewürze	
gehacktem Basilikum	abschmecken, über die Cannelloni gießen (sie müssen ganz mit der Soße bedeckt sein), mit
1 Eßl. geriebenem Parmesan-Käse	bestreuen
Butter	in Flöckchen darauf setzen
	die Form auf dem Rost in den Backofen schieben
Strom:	175–200 (vorgeheizt)
Gas:	3–4
Backzeit:	Etwa 30 Minuten.
Beigabe:	Frische Salate.

Lasagne, klassisch

500 g grüne Lasagne-Nudeln	einzeln in
etwa 2 l kochendes Salzwasser	geben, zum Kochen bringen, etwa 2 Minuten kochen lassen, in kaltes Wasser legen, darin liegen lassen
	für die Füllung
70 g Butter	erhitzen
300 g Rindergehacktes	darin unter Rühren anbraten
100 g Sellerie	schälen
2 Möhren	putzen, schrappen
	beide Zutaten waschen, Sellerie raspeln, Möhren kleinschneiden
1 Zwiebel	
5 Knoblauchzehen	
	beide Zutaten abziehen
	Zwiebel würfeln, Knoblauchzehen zerdrücken, mit dem Gemüse zu dem Rindergehackten geben, mitbräunen lassen
etwa 100 ml Rotwein	hinzugießen, mit
Salz	
Pfeffer	würzen
100 g Tomatenmark (aus der Dose)	unterrühren, miterhitzen
	für die Béchamelsoße
50 g Butter	zerlassen
50 g Weizenmehl	unter Rühren so lange darin erhitzen, bis das Mehl hellgelb ist
250 ml (1/4 l) Wasser	
250 ml (1/4 l) Sahne	hinzugießen, mit einem Schneebesen durchschlagen, darauf achten, daß keine Klumpen entstehen
	die Soße zum Kochen bringen, etwa 10 Minuten kochen lassen, mit
geriebenem Parmesan-Käse	
geriebener Muskatnuß	abschmecken
	eine dünne Schicht von der Füllung in eine gut

	gefettete Auflaufform geben
	abwechselnd Béchamelsoße, Lasagne-Nudeln und Füllung einschichten
	die oberste Schicht sollte aus Béchamelsoße bestehen, mit
etwa 50 g geriebenem Parmesan-Käse	bestreuen
Butterflöckchen	darauf setzen
	die Form auf dem Rost in den Backofen schieben
Strom:	225–250 (vorgeheizt)
Gas:	4–5
Backzeit:	Etwa 30 Minuten.
Beigabe:	Gemischter Salat.

Cannelloni auf Blattspinat

1 Eßl. Speiseöl	erhitzen
1 Zwiebel	abziehen, fein würfeln, darin andünsten
600 g (2 Packungen) tiefgekühlten Blattspinat	unaufgetaut hinzufügen, etwa 15 Minuten dünsten lassen, mit
Salz Pfeffer geriebener Muskatnuß	würzen den Spinat abtropfen lassen, in eine gefettete feuerfeste Form füllen
	für die Soße
60 g Butter	zerlassen
60 g Weizenmehl	unter Rühren so lange darin erhitzen, bis es hellgelb ist
375 ml (3/8 l) Milch 125 ml (1/8 l) Sahne	hinzugießen, mit einem Schneebesen durchschlagen, darauf achten, daß keine Klumpen entstehen, die Soße zum Kochen bringen, etwa 2 Minuten kochen lassen, mit
Salz Pfeffer	würzen, etwa 1/3 der Soße herausnehmen, mit
60 g geriebenem Parmesan-Käse	verrühren, die restliche Sahnesoße beiseite stellen die Hälfte der Käse-Soße über den Spinat geben, die andere Hälfte in
etwa 250 g Cannelloni	füllen (am besten mit Hilfe eines Spritzbeutels) die gefüllten Cannelloni auf den Spinat legen, mit der restlichen Sahnesoße übergießen, mit
60 g geriebenem Emmentaler-Käse	bestreuen
Butter	in Flöckchen darauf setzen die Form auf dem Rost in den Backofen schieben
Strom:	Etwa 225 (vorgeheizt)
Gas:	Etwa 4
Backzeit:	20–30 Minuten nach Belieben die Cannelloni einige Minuten unter dem Grill bräunen lassen.

Nudelragout mit Broccoli

250 g Schleifennudeln	in
3–4 l kochendes Salzwasser	geben
1 Eßl. Speiseöl	hinzufügen, zum Kochen bringen, ab und zu umrühren, in etwa 10 Minuten gar kochen lassen, die Nudeln auf ein Sieb geben, mit kaltem Wasser übergießen, abtropfen lassen, warm stellen
500 ml (1/2 l) Wasser	mit
1/2 Eßl. Butter	
Salz	
Zucker	zum Kochen bringen
300 g tiefgekühlten Broccoli	hineingeben, zum Kochen bringen, in 5–7 Minuten gar kochen, abtropfen lassen (Broccoliflüssigkeit auffangen) die Broccoliröschen 1–2 mal durchschneiden, vorsichtig mit den Nudeln vermengen, warm stellen
125 ml (1/8 l) Broccoliflüssigkeit	abmessen, mit
200 g Crème fraîche	verrühren, zum Kochen bringen, einkochen lassen
1 Eigelb	unterrühren (nicht mehr kochen lassen) die Soße mit
frisch geschrotetem Pfeffer	
geriebener Muskatnuß	kräftig würzen, über die Broccoli-Nudeln geben, sofort servieren.
Beilage:	Roher oder gekochter Schinken.

Tortellini Cinderella

Große gefüllte Ringnudeln
(2 Portionen)

1 l Instant-Fleischbrühe	zum Kochen bringen
125 g Tortellini	hineingeben, zum Kochen bringen, etwa 15 Minuten kochen lassen

	die Tortellini auf ein Sieb geben, mit kaltem Wasser übergießen, abtropfen lassen einen Topf mit
1 abgezogenen Knoblauchzehe	ausreiben
1 Becher (150 g) Crème fraîche *2–3 Eßl. Milch*	hineingeben, aufkochen lassen, die Tortellini hinzufügen, mit
Salz *Pfeffer* *geriebener Muskatnuß* *Speisewürze*	abschmecken, einige Minuten schwach kochen lassen
100 g gekochten Schinken	in Streifen schneiden
1 Bund Schnittlauch	waschen, fein schneiden, mit den Schinkenstreifen kurz vor dem Servieren unterrühren.
Beigabe:	Stangenweißbrot oder Toast, gemischter Salat.

Überbackene Cannelloni

	Für die Füllung
150 g tiefgekühlten Spinat	bei Zimmertemperatur auftauen lassen
1 kleine Zwiebel *1 Knoblauchzehe*	beide Zutaten abziehen, fein würfeln
1 Eßl. Speiseöl	erhitzen, Zwiebel- und Knoblauchwürfel darin glasig dünsten lassen, den Spinat hinzufügen, etwas einkochen lassen, in eine Schüssel geben
1 Eßl. Butter	erhitzen
250 g Rindergehacktes	darin anbraten, zu dem Spinat geben, die Masse mit
2 Eßl. geriebenem Parmesan-Käse *1 Eßl. Sahne* *1 Ei*	verrühren, mit
gerebeltem Oregano *Salz, Pfeffer*	würzen
etwa 250 g Cannelloni	mit der Fleisch-Spinat-Masse füllen
	für die Tomatensoße
1 Zwiebel *1 Knoblauchzehe*	beide Zutaten abziehen
50 g durchwachsenen Speck	in Würfel schneiden, die Zwiebel würfeln, die Knoblauchzehe zerdrücken
1 Eßl. Speiseöl	erhitzen, die Speckwürfel darin auslassen Zwiebelwürfel und Knoblauch hinzufügen, glasig dünsten lassen
1 Eßl. Weizenmehl	darüber stäuben, durchdünsten lassen
etwa 70 g Tomatenmark (aus der Dose)	unterrühren, mit Salz, Pfeffer,
gerebeltem Basilikum *gerebeltem Oregano*	würzen
375 ml (3/8 l) Instant-Fleischbrühe	hinzugießen, gut durchrühren, zum Kochen bringen, die Soße etwa 10 Minuten kochen lassen, in eine gefettete, feuerfeste Form etwas von der Soße gießen, die Cannelloni nebeneinander hineinlegen, mit der restlichen Soße

	übergießen, mit
geriebenem Käse	bestreuen
Butter	in Flöckchen darauf setzen
	die Form auf dem Rost in den Backofen schieben
Strom:	Etwa 175 (vorgeheizt)
Gas:	Etwa 3
Backzeit:	Etwa 30 Minuten.

Salat Fiesole

250 g dreifarbige Hütchen-Nudeln	in
2 l kochendes Salzwasser	geben, zum Kochen bringen, ab und zu umrühren, in etwa 15 Minuten gar kochen lassen die Nudeln auf ein Sieb geben, mit kaltem Wasser übergießen, gut abtropfen lassen
2–3 Eßl. Speiseöl	erhitzen
4 Scheiben (400 g) Schweinefleisch (aus der Keule)	von beiden Seiten (je Seite 5–10 Minuten) darin braten, mit
Salz Pfeffer gerebeltem Salbei	würzen, aus der Pfanne nehmen, erkalten lassen, in feine Streifen schneiden
40 g Kapern (aus dem Glas)	abtropfen lassen, die Flüssigkeit auffangen
100 g Pinienkerne	
	für die Mayonnaise
1 Eigelb	mit
1–2 Teel. Senf 1 Eßl. Essig Salz 1 Teel. Zucker	zu einer dicklichen Masse schlagen
125 ml (1/8 l) Salatöl	nach und nach unterschlagen
3 Eßl. Kapernflüssigkeit gerebelten Salbei	unterrühren, mit den Salatzutaten vermengen, gut durchziehen lassen, mit Salz, Pfeffer abschmecken.

Cannelloni mit Broccoli

900 g (2 Packungen) tiefgekühlte Cannelloni	unaufgetaut aus der Aluschale nehmen, in eine gefettete Auflaufform geben
80 g Salami	in Würfel schneiden

150 g Käse	grob raspeln
	die beiden Zutaten über die Cannelloni geben
200 ml (1/5 l) Sahne	darüber gießen
	die Form auf dem Rost in den Backofen schieben
Strom:	Etwa 225 (vorgeheizt)
Gas:	Etwa 4
Backzeit:	Etwa 40 Minuten
	für den Broccoli
1 l Wasser	mit
Salz	
geriebener Muskatnuß	zum Kochen bringen
600 g (2 Packungen) tiefgekühlten Broccoli	hineingeben, zum Kochen bringen, in etwa 8 Minuten gar kochen lassen, den garen Broccoli mit einem Schaumlöffel vorsichtig herausnehmen, in eine vorgewärmte Schüssel geben
zerlassene Butter	darüber geben, den Broccoli mit den Cannelloni servieren.

Ravioli

	Für den Nudelteig
300 g Weizenmehl	auf die Tischplatte sieben, in die Mitte eine Vertiefung eindrücken
2 Eier	mit
2 Eiweiß	
2 Eßl. Speiseöl	
Salz	verschlagen, in die Vertiefung geben, mit einem Teil des Mehls zu einem dicken Brei verarbeiten, von der Mitte aus alle Zutaten schnell zu einem glatten Teig verkneten sollte er kleben, noch etwas
Weizenmehl	hinzufügen den Teig etwa 10 Minuten unter einem feuchten Küchentuch ruhen lassen
	für die Füllung
1 Eßl. Speiseöl	erhitzen
250 g Gehacktes (halb Rind-, halb Schweinefleisch)	unter Rühren darin anbraten, dabei die Fleischklümpchen zerdrücken
1 kleine Zwiebel	
1 Knoblauchzehe	beide Zutaten abziehen, fein würfeln
1 mittelgroße Möhre	putzen, schrappen, waschen, grob raspeln die 3 Zutaten zu dem Hackfleisch geben, etwa 5 Minuten mitschmoren lassen
2 Eigelb	
1 Eßl. Tomatenmark	
1/4 Teel. gerebelten Thymian	unterrühren, die Hackfleischmasse mit
Salz	
Pfeffer	würzen die Hälfte des Nudelteiges mit
Weizenmehl	bestäuben, dünn zu einem Rechteck ausrollen, in der Mitte teilen, eine Hälfte mit einem feuchten Küchentuch abdecken auf die andere Hälfte reihenweise in Abständen von je 4 cm walnußgroße Portionen der Füllung geben

Fortsetzung Seite 76

	mit einem in Wasser getauchten Küchenpinsel zwischen den Häufchen auf dem Teig längs und quer Linien ziehen, so daß kleine Quadrate entstehen (Wasser dient als Bindemittel, deshalb den Teig ausreichend anfeuchten)
	die zweite Teiglage darauf legen, gut auf die angefeuchteten Linien drücken, mit einem Teigrädchen den Linien folgend die Quadrate ausschneiden
	die Ravioli auf Pergamentpapier legen, beiseite stellen
	aus der anderen Hälfte des Nudelteiges und der Füllung in gleicher Weise Ravioli herstellen
5–6 l Salzwasser	mit
1 Eßl. Speiseöl	zum Kochen bringen, die Ravioli hineingeben, zum Kochen bringen, vorsichtig umrühren, in 8–10 Minuten gar kochen lassen, auf ein Sieb geben, abtropfen lassen, in eine vorgewärmte Schüssel füllen
65 g Butter	zerlassen, über die Ravioli geben, mit
150 g geriebenem Parmesan-Käse	bestreuen, nach Belieben mit
glatter Petersilie	garnieren, sofort servieren.

Dänischer Salat

(4–6 Portionen)

125 g kleine Nudeln (z. B. Muscheln)	in
1 l kochendes Salzwasser	geben, zum Kochen bringen, kurz umrühren, in etwa 15 Minuten gar kochen lassen, auf ein Sieb geben, mit kaltem Wasser übergießen, gut abtropfen lassen
2 hartgekochte Eier	pellen
125 g gekochter Schinken	
	beide Zutaten in Würfel schneiden
etwa 275 g gedünstete feine Erbsen	

etwa 175 g gekochte Spargelstücke	das Gemüse abtropfen lassen, die Gemüseflüssigkeit auffangen
	für die Salatsoße
3 Eßl. Salatmayonnaise	mit
2 Eßl. Sahne	
4 Eßl. Gemüseflüssigkeit	
2–3 Eßl. Essig	verrühren, mit
Salz	
Pfeffer	
Zucker	abschmecken, mit den Salatzutaten vermengen, gut durchziehen lassen, den Salat evtl. mit Salz, Pfeffer, Zucker abschmecken.

Bunte Spätzle

Käse-Kräuter-Spätzle

(Abb. S. 78/79)

400 g Weizenmehl	in eine Schüssel sieben, in die Mitte eine Vertiefung eindrücken
4 Eier	mit
1 gestr. Teel. Salz	
12 Eßl. Wasser	verschlagen, etwas davon in die Vertiefung geben, von der Mitte aus mit Mehl verrühren, nach und nach die übrige Flüssigkeit hinzugießen, darauf achten, daß keine Klumpen entstehen den Teig so lange mit einem Rührlöffel schlagen, bis er Blasen wirft
150 g geriebenen Käse	
3 Eßl. gemischte, gehackte Kräuter	unterrühren den Teig entweder durch einen Spatzenseiher oder durch ein groblöcheriges Sieb (Gemüsedämpfer) portionsweise in
kochendes Salzwasser	geben, zum Kochen bringen, gar kochen lassen (die Spätzle sind gar, wenn sie an der Wasseroberfläche schwimmen), sie dann nochmals aufkochen lassen, die Spätzle auf ein Sieb geben, mit kaltem Wasser übergießen, abtropfen lassen
50 g Butter	bräunen, die Spätzle darin schwenken.
Tip:	Käse-Kräuter-Spätzle zu kurzgebratenem Fleisch oder Gulasch reichen.

Roggenspätzle

500 g Roggenmehl	in eine Schüssel sieben, in die Mitte eine Vertiefung eindrücken
4 Eier	mit
1 gestr. Teel. Salz	
250 ml (1/4 l) Wasser	
1 Eßl. Speiseöl	verschlagen, etwas davon in die Vertiefung geben, von der Mitte aus mit Mehl verrühren, nach und nach die übrige Flüssigkeit hinzugießen, darauf achten, daß keine Klumpen entstehen

	den Teig so lange mit einem Rührlöffel schlagen, bis er Blasen wirft
	den Teig entweder durch einen Spatzenseiher oder durch ein groblöcheriges Sieb (Gemüsedämpfer) portionsweise in
kochendes Salzwasser	geben, zum Kochen bringen, gar kochen lassen (die Spätzle sind gar, wenn sie an der Wasseroberfläche schwimmen), sie dann nochmals aufkochen lassen
	die Spätzle auf ein Sieb geben, mit kaltem Wasser übergießen
etwa 50 g Butter	bräunen, die Spätzle darin schwenken. Roggenspätzle zu Schweineschmorbraten mit Bohnengemüse reichen.

Zigeunerspätzle

375 g Weizenmehl	in eine Schüssel sieben, in die Mitte eine Vertiefung eindrücken
3 Eier	mit
75 g Paprika-Gewürzpaste	
15 Eßl. Wasser	verschlagen, etwas davon in die Vertiefung geben, von der Mitte aus mit Mehl verrühren, nach und nach die übrige Flüssigkeit hinzugießen, darauf achten, daß keine Klumpen entstehen
	den Teig so lange mit einem Rührlöffel schlagen, bis er Blasen wirft
	den Teig entweder durch einen Spatzenseiher oder durch ein groblöcheriges Sieb (Gemüsedämpfer) portionsweise in
kochendes Salzwasser	geben, zum Kochen bringen, gar kochen lassen (die Spätzle sind gar, wenn sie an der Wasseroberfläche schwimmen), sie dann nochmals aufkochen lassen
	die Spätzle auf ein Sieb geben, mit kaltem Wasser übergießen
etwa 50 g Butter	bräunen, die Spätzle darin schwenken. Zigeunerspätzle zu Kalbsschmorbraten mit Feldsalat reichen.

Kalbsvögerl mit Spätzle und Sahnesoße

Kalbsrouladen mit Ei

4 dünne Kalbsschnitzel (je etwa 125 g)	abspülen, trockentupfen, evtl. etwas flachklopfen, mit
Salz Pfeffer	würzen
4 Scheiben Schinkenspeck (je etwa 50 g) 4 gekochte, gepellte Eier	
	auf jedes Kalbsschnitzel 1 Scheibe Schinkenspeck und 1 Ei legen, das Fleisch von der schmalen Seite her aufrollen, mit einer Bratennadel oder Küchengarn zusammenhalten
40 g Speisefett	erhitzen, die Rouladen von allen Seiten gut darin anbraten
1 Zwiebel	abziehen, fein würfeln, hinzufügen, mitschmoren lassen
125 ml (1/8 l) heiße Instant-Fleischbrühe	nach und nach hinzugießen, die Kalbsrouladen von Zeit zu Zeit wenden, in etwa 20 Minuten gar schmoren lassen die garen Rouladen von Bratennadeln (Küchengarn) befreien, warm stellen den Bratenatz durch ein Sieb gießen, mit
125 ml (1/8 l) Instant-Fleischbrühe	auffüllen, zum Kochen bringen
500 ml (1/2 l) saure Sahne	mit
2 gestrichenen Eßl. Weizenmehl	verrühren, den Bratensatz damit binden, die Soße mit Salz, Pfeffer abschmecken, die Kalbsvögerl noch etwa 5 Minuten in der Soße erhitzen.

Rezept für „Spätzle" Seite 84.

Spätzle

400 g Weizenmehl	in eine Schüssel sieben, in die Mitte eine Vertiefung eindrücken
4 Eier	mit
1 gestr. Teel. Salz	
12 Eßl. Wasser	verschlagen, etwas davon in die Vertiefung geben, von der Mitte aus mit dem Mehl verrühren, nach und nach die übrige Flüssigkeit hinzugießen, darauf achten, daß keine Klumpen entstehen den Teig so lange mit einem Rührlöffel schlagen, bis er Blasen wirft den Teig entweder durch einen Spatzenseiher oder durch ein groblöcheriges Sieb (Gemüseseiher) portionsweise in
kochendes Salzwasser	geben, zum Kochen bringen, gar kochen lassen (die Spätzle sind gar, wenn sie an der Wasseroberfläche schwimmen), sie dann nochmals aufkochen lassen die Spätzle auf ein Sieb geben, mit kaltem Wasser übergießen, abtropfen lassen
50 g Butter	bräunen, die Spätzle darin schwenken. Spätzle zu Rehrücken reichen.

Tomatenspätzle

400 g Weizenmehl	in eine Schüssel sieben, in die Mitte eine Vertiefung eindrücken
4 Eier	mit
1 gestr. Teel. Salz	
3–4 Eßl. Tomatenmark	
10 Eßl. Wasser	verschlagen, etwas davon in die Vertiefung geben, von der Mitte aus mit Mehl verrühren, nach und nach die übrige Flüssigkeit hinzugießen, darauf achten, daß keine Klumpen entstehen den Teig so lange mit einem Rührlöffel schlagen, bis er Blasen wirft den Teig entweder durch einen Spatzenseiher

	oder durch ein groblöcheriges Sieb (Gemüsedämpfer) portionsweise in
kochendes Salzwasser	geben, zum Kochen bringen, gar kochen lassen (die Spätzle sind gar, wenn sie an der Wasseroberfläche schwimmen), sie dann nochmals aufkochen lassen
	die Spätzle auf ein Sieb geben, mit kaltem Wasser übergießen, abtropfen lassen
etwa 50 g Butter	bräunen, die Spätzle darin schwenken.
	Tomatenspätzle zu Kalbfleischragout reichen.

Grüne Spätzle

200 g tiefgekühlten gehackten Spinat bei Zimmertemperatur auftauen lassen
400 g Weizenmehl in eine Schüssel sieben, in die Mitte eine Vertiefung eindrücken
4 Eier mit
1 gestr. Teel. Salz
12 Eßl. Wasser verschlagen, etwas davon in die Vertiefung geben, von der Mitte aus mit dem Mehl verrühren, nach und nach die übrige Flüssigkeit hinzugießen, darauf achten, daß keine Klumpen entstehen
den Teig so lange mit einem Rührlöffel schlagen, bis er Blasen wirft, den abgetropften Spinat unter den Teig rühren
den Teig entweder durch einen Spatzenseiher oder durch ein groblöcheriges Sieb (Gemüsedämpfer) portionsweise in
kochendes Salzwasser geben, zum Kochen bringen, gar kochen lassen (die Spätzle sind gar, wenn sie an der Wasseroberfläche schwimmen), sie dann nochmals aufkochen lassen
die Spätzle auf ein Sieb geben, mit kaltem Wasser übergießen, abtropfen lassen
50 g Butter bräunen, die Spätzle darin schwenken.
Tip: Grüne Spätzle zu italienischer Fleischsoße oder zu Gulasch reichen.

Petersilienspätzle

50 g Petersilie waschen, abtropfen lassen, fein hacken, mit
3 Eiern in eine Schüssel geben, gut verrühren
400 g Weizenmehl
1 gestr. Teel. Salz
Pfeffer
100 ml Wasser hinzufügen, die Zutaten gut miteinander verrühren, darauf achten, daß keine Klumpen entstehen
den Teig so lange mit einem Rührlöffel schlagen, bis er Blasen wirft
den Teig entweder durch einen Spatzenseiher

oder durch ein groblöcheriges Sieb (Gemüse-
dämpfer) portionsweise in

kochendes Salzwasser geben, zum Kochen bringen, gar kochen lassen (die Spätzle sind gar, wenn sie an der Wasseroberfläche schwimmen), sie dann nochmals aufkochen lassen

die Spätzle auf ein Sieb geben, mit kaltem Wasser übergießen, abtropfen lassen

etwa 50 g Butter bräunen, die Spätzle darin schwenken.

Petersilienspätzle zu Gulasch reichen.

Allgäuer Käsespätzle

400 g Weizenmehl	in eine Schüssel sieben, in die Mitte eine Vertiefung eindrücken
4 Eier	mit
1 gestr. Teel. Salz	
12 Eßl. Wasser	verschlagen, etwas davon in die Vertiefung geben, von der Mitte aus mit dem Mehl verrühren, nach und nach die übrige Flüssigkeit hinzugießen, darauf achten, daß keine Klumpen entstehen den Teig so lange mit einem Rührlöffel schlagen, bis er Blasen wirft den Teig entweder durch einen Spatzenseiher oder durch ein groblöcheriges Sieb (Gemüsedämpfer) portionsweise in
kochendes Salzwasser	geben, zum Kochen bringen, gar kochen lassen (die Spätzle sind gar, wenn sie an der Wasseroberfläche schwimmen), sie dann nochmals aufkochen lassen die Spätzle auf ein Sieb geben, mit kaltem Wasser übergießen, abtropfen lassen, in einer feuerfesten Form im Backofen warm halten jede Schicht mit etwas von
150 g geriebenem Allgäuer Emmentaler	bestreuen, die oberste Schicht sollte aus Käse bestehen, nach Belieben
4 Zwiebeln	abziehen, in Ringe schneiden
50 g Butterschmalz	zerlassen, die Zwiebelringe darin goldgelb dünsten lassen, vor dem Servieren über die Käsespätzle geben.
Beigabe:	Gemischter Salat oder Porreegemüse.

Rezeptverzeichnis nach Kapiteln

Seite

Rezeptverzeichnis, alphabetisch